Billard Carambole: Quelques énigmes et puzzles

Problèmes et situations qui amélioreront votre analyse tactique et vos compétences de jeu.

Allan P. Sand
PBIA Instructeur de billard certifié

ISBN 978-1-62505-293-3
PRINT 7x10

ISBN 978-1-62505-447-0
PRINT 7.5x9.25

First edition

Copyright © 2019 Allan P. Sand

All rights reserved under International and Pan-American Copyright Conventions.

Published by Billiard Gods Productions.

Santa Clara, CA 95051

U.S.A.

For the latest information about books and videos, go to:
http://www.billiardgods.com

Acknowledgements

Wei Chao created the software that was used to create these graphics.

I want to specifically thank the following for help in making this book work:
Raye Raskin
Bob Beaulieu
Darrell Paul Martineau

Contenu du livre

INTRODUCTION GÉNÉRALE 1
Configuration de la table.. 1
Règles de jeu 1
Descriptions de balle 2
Options de table 2
Comment étudier 2
Défis pour le plaisir et le profit 2
MOTIFS EXEMPLE 3
   Groupe 1, set 1 (diagramme 1) 3
   Groupe 6, set 1 (diagramme 3) 4
GROUPE 1 5
Groupe 1, set 1... 5
Groupe 1, set 2... 7
Groupe 1, set 3... 9
Groupe 1, set 4... 11
Groupe 1, set 5... 13
Groupe 1, set 6... 15
Groupe 1, set 7... 17
Groupe 1, set 8... 19
Groupe 1, set 9... 21
Groupe 1, set 10... 23
Groupe 1, set 11... 25
GROUPE 2 27
Groupe 2, set 1... 27
Groupe 2, set 2... 29
Groupe 2, set 3... 31
Groupe 2, set 4... 33
Groupe 2, set 5... 35
Groupe 2, set 6... 37
Groupe 2, set 7... 39
Groupe 2, set 8... 41
Groupe 2, set 9... 43
Groupe 2, set 10... 45
Groupe 2, set 11... 47
GROUPE 3 49
Groupe 3, set 1... 49
Groupe 3, set 2... 51
Groupe 3, set 3... 53
Groupe 3, set 4... 55
Groupe 3, set 5... 57
Groupe 3, set 6... 59
Groupe 3, set 7... 61
Groupe 3, set 8... 63
Groupe 3, set 9... 65
Groupe 3, set 10... 67

Groupe 3, set 11 69
GROUPE 4 .... **71**
Groupe 4, set 1 71
Groupe 4, set 2 73
Groupe 4, set 3 75
Groupe 4, set 4 77
Groupe 4, set 5 79
Groupe 4, set 6 81
Groupe 4, set 7 83
Groupe 4, set 8 85
Groupe 4, set 9 87
Groupe 4, set 10 89
Groupe 4, set 11 91
GROUPE 5 .... **93**
Groupe 5, set 1 93
Groupe 5, set 2 95
Groupe 5, set 3 97
Groupe 5, set 4 99
Groupe 5, set 5 101
Groupe 5, set 6 103
Groupe 5, set 7 105
Groupe 5, set 8 107
Groupe 5, set 9 109
Groupe 5, set 10 111
Groupe 5, set 11 113
GROUPE 6 .... **115**
Groupe 6, set 1 115
Groupe 6, set 2 117
Groupe 6, set 3 119
Groupe 6, set 4 121
Groupe 6, set 5 123
Groupe 6, set 6 125
Groupe 6, set 7 127
Groupe 6, set 8 129
Groupe 6, set 9 131
Groupe 6, set 10 133
Groupe 6, set 11 135
TABLES VIERGES **137**

Introduction générale

Vous avez plus d'occasions d'étendre vos compétences. Apprenez à gérer une grande variété de positions de balle qui apparaissent dans le jeu après match. Ces mises en page vous offrent une chance de faire des expériences approfondies. Ces situations de tests personnels offrent des avantages compétitifs importants sur le plan personnel:

- Formation intellectuelle - Évaluez les dispositions et déterminez le nombre d'options disponibles. Faites des croquis des chemins et des vitesses (CB) et des tours pour la table de pratique. Cela augmente vos compétences analytiques et tactiques.

- Confirmation des compétences - Au fur et à mesure que vous tentez chaque concept, votre expérimentation permet de déterminer si elle est viable (dans vos compétences) ou inutile (trop difficile ou fantastique). Cette comparaison entre l'imagerie mentale et les tentatives physiques permet de déterminer la largeur et l'étendue de vos capacités.

- Avancement des compétences - Si un chemin semble prometteur, mais que l'exécution échoue, travaillez avec différentes vitesses / spins pour découvrir ce qui fonctionne. Plusieurs succès consécutifs l'ajouteront à votre bibliothèque personnelle de compétences.

Configuration de la table

Les anneaux de renfort en papier indiquent les emplacements de chaque balle. Placez-les en fonction de l'exercice d'entraînement que vous souhaitez pratiquer.

Règles de jeu

Pratiquez ces situations avec toutes les règles du jeu de billard carambole.

Descriptions de balle

Explication des boules de billard carambola:

- **Ⓐ** (CB1) (Première boule de billard)
- ⊙ (CB2) (seconde boule de billard),
- ● (RB) (boule de billard rouge)

Options de table

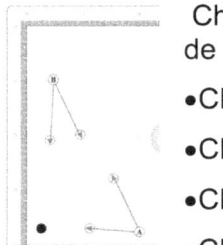

Chaque disposition de table fournit quatre (4) manières différentes de marquer des points:

- CB1 > RB > CB2
- CB1 > CB2 > RB
- CB2 > RB > CB1
- CB2 > CB1 > RB

Comment étudier

Commencez avec l'analyse du fauteuil. Regardez chaque disposition de tableau et examinez les options de jeu possibles. Imaginez que vous essayiez vos idées. Évaluez la vitesse et la vitesse appropriées. Faites des croquis et des Remarques au besoin.

Alternativement, apportez ce livre à votre table de billard. Placez les anneaux de renfort en papier. Déterminez mentalement combien de manières différentes vous pouvez jouer la mise en page. Ensuite, essayez vos idées et voyez si votre imagination est à la hauteur de vos compétences. Prenez des Remarques de vos idées.

À la table de billard, appliquez vos idées. Sur un tir manqué, ajustez vos vitesses / tours et angles. C'est ainsi que vous devenez un joueur de billard plus dur et plus dangereux.

Défis pour le plaisir et le profit

Pensez à organiser une compétition amicale entre vos amis. Sélectionnez plusieurs de ces mises en page et relevez le défi.

Utilisez un format round robin. Tout le monde essaie (1, 2 ou 3). Le gagnant reçoit l'argent et un autre tour commence.

Motifs exemple

Groupe 1, set 1 (diagramme 1)

Votre fantaisie peut-elle correspondre à votre réalité?

Par exemple (règles à billar tres bandas), sur chaque modèle, vous avez 4 choix de pratiques possibles que vous pouvez expérimenter et différentes solutions.

Groupe 6, set 1 (diagramme 3)

Chaque diagramme est une opportunité d'expérimenter et de tester votre imagination ET vos compétences de tir.

Par exemple (règles à billar tres bandas), sur chaque modèle, vous avez 4 choix de pratiques possibles que vous pouvez expérimenter et différentes solutions.

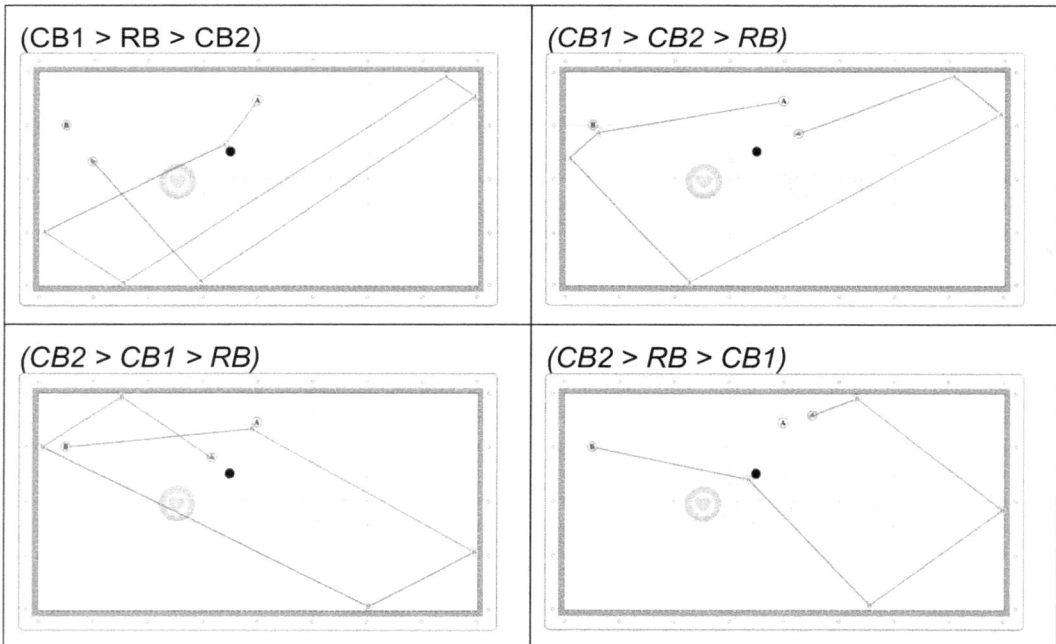

GROUPE 1
Groupe 1, set 1
(Au début de ce livre, il y a 4 exemples de solutions de cette mise en page.)

REMARQUES:

Billard Carambole: Quelques énigmes et puzzles

REMARQUES:

Groupe 1, set 2

REMARQUES:

Billard Carambole: Quelques énigmes et puzzles

REMARQUES:

Groupe 1, set 3

REMARQUES:

Billard Carambole: Quelques énigmes et puzzles

REMARQUES:

Groupe 1, set 4

REMARQUES:

Billard Carambole: Quelques énigmes et puzzles

REMARQUES:

Groupe 1, set 5

REMARQUES:

Billard Carambole: Quelques énigmes et puzzles

REMARQUES:

Groupe 1, set 6

REMARQUES:

Billard Carambole: Quelques énigmes et puzzles

REMARQUES:

Groupe 1, set 7

REMARQUES:

Billard Carambole: Quelques énigmes et puzzles

REMARQUES:

Groupe 1, set 8

REMARQUES:

Billard Carambole: Quelques énigmes et puzzles

REMARQUES:

Groupe 1, set 9

REMARQUES:

REMARQUES:

Groupe 1, set 10

REMARQUES:

Billard Carambole: Quelques énigmes et puzzles

REMARQUES:

Groupe 1, set 11

REMARQUES:

Billard Carambole: Quelques énigmes et puzzles

REMARQUES:

GROUPE 2
Groupe 2, set 1

REMARQUES:

Billard Carambole: Quelques énigmes et puzzles

REMARQUES:

Groupe 2, set 2

REMARQUES:

Billard Carambole: Quelques énigmes et puzzles

REMARQUES:

Groupe 2, set 3

REMARQUES:

REMARQUES:

Groupe 2, set 4

REMARQUES:

Billard Carambole: Quelques énigmes et puzzles

REMARQUES:

Groupe 2, set 5

REMARQUES:

Billard Carambole: Quelques énigmes et puzzles

REMARQUES:

Groupe 2, set 6

REMARQUES:

REMARQUES:

Groupe 2, set 7

REMARQUES:

REMARQUES:

Groupe 2, set 8

REMARQUES:

Billard Carambole: Quelques énigmes et puzzles

REMARQUES:

Groupe 2, set 9

REMARQUES:

REMARQUES:

Groupe 2, set 10

REMARQUES:

REMARQUES:

Groupe 2, set 11

REMARQUES:

Billard Carambole: Quelques énigmes et puzzles

REMARQUES:

GROUPE 3
Groupe 3, set 1

REMARQUES:

Billard Carambole: Quelques énigmes et puzzles

REMARQUES:

Groupe 3, set 2

REMARQUES:

Billard Carambole: Quelques énigmes et puzzles

REMARQUES:

Groupe 3, set 3

REMARQUES:

Billard Carambole: Quelques énigmes et puzzles

REMARQUES:

Groupe 3, set 4

REMARQUES:

REMARQUES:

Groupe 3, set 5

REMARQUES:

REMARQUES:

Groupe 3, set 6

REMARQUES:

REMARQUES:

Groupe 3, set 7

REMARQUES:

Billard Carambole: Quelques énigmes et puzzles

REMARQUES:

Groupe 3, set 8

REMARQUES:

REMARQUES:

Groupe 3, set 9

REMARQUES:

REMARQUES:

Groupe 3, set 10

REMARQUES:

REMARQUES:

Groupe 3, set 11

REMARQUES:

REMARQUES:

GROUPE 4

Groupe 4, set 1

REMARQUES:

Billard Carambole: Quelques énigmes et puzzles

REMARQUES:

Groupe 4, set 2

REMARQUES:

Billard Carambole: Quelques énigmes et puzzles

REMARQUES:

Groupe 4, set 3

REMARQUES:

Billard Carambole: Quelques énigmes et puzzles

REMARQUES:

Groupe 4, set 4

REMARQUES:

Billard Carambole: Quelques énigmes et puzzles

REMARQUES:

Groupe 4, set 5

REMARQUES:

REMARQUES:

Groupe 4, set 6

REMARQUES:

Billard Carambole: Quelques énigmes et puzzles

REMARQUES:

Groupe 4, set 7

REMARQUES:

Billard Carambole: Quelques énigmes et puzzles

REMARQUES:

Groupe 4, set 8

REMARQUES:

Billard Carambole: Quelques énigmes et puzzles

REMARQUES:

Groupe 4, set 9

REMARQUES:

REMARQUES:

Groupe 4, set 10

REMARQUES:

Billard Carambole: Quelques énigmes et puzzles

REMARQUES:

Groupe 4, set 11

REMARQUES:

REMARQUES:

GROUPE 5

Groupe 5, set 1

REMARQUES:

Billard Carambole: Quelques énigmes et puzzles

REMARQUES:

Groupe 5, set 2

REMARQUES:

Billard Carambole: Quelques énigmes et puzzles

REMARQUES:

Groupe 5, set 3

REMARQUES:

Billard Carambole: Quelques énigmes et puzzles

REMARQUES:

Groupe 5, set 4

REMARQUES:

REMARQUES:

Groupe 5, set 5

REMARQUES:

Billard Carambole: Quelques énigmes et puzzles

REMARQUES:

Groupe 5, set 6

REMARQUES:

Billard Carambole: Quelques énigmes et puzzles

REMARQUES:

Groupe 5, set 7

REMARQUES:

Billard Carambole: Quelques énigmes et puzzles

REMARQUES:

Groupe 5, set 8

REMARQUES:

Billard Carambole: Quelques énigmes et puzzles

REMARQUES:

Groupe 5, set 9

REMARQUES:

REMARQUES:

Groupe 5, set 10

REMARQUES:

Billard Carambole: Quelques énigmes et puzzles

REMARQUES:

Groupe 5, set 11

REMARQUES:

Billard Carambole: Quelques énigmes et puzzles

REMARQUES:

GROUPE 6

Groupe 6, set 1

REMARQUES:

(Au début de ce livre, il y a 4 exemples de solutions de cette mise en page.)

REMARQUES:

Groupe 6, set 2

REMARQUES:

Billard Carambole: Quelques énigmes et puzzles

REMARQUES:

Groupe 6, set 3

REMARQUES:

Billard Carambole: Quelques énigmes et puzzles

REMARQUES:

Groupe 6, set 4

REMARQUES:

Billard Carambole: Quelques énigmes et puzzles

REMARQUES:

Groupe 6, set 5

REMARQUES:

Billard Carambole: Quelques énigmes et puzzles

REMARQUES:

Groupe 6, set 6

REMARQUES:

REMARQUES:

Groupe 6, set 7

REMARQUES:

REMARQUES:

Groupe 6, set 8

REMARQUES:

Billard Carambole: Quelques énigmes et puzzles

REMARQUES:

Groupe 6, set 9

REMARQUES:

REMARQUES:

Groupe 6, set 10

REMARQUES:

Billard Carambole: Quelques énigmes et puzzles

REMARQUES:

Groupe 6, set 11

REMARQUES:

REMARQUES:

Tables vierges

(Imprimez-les pour capturer et pratiquer des mises en page intéressantes.)

Billard Carambole: Quelques énigmes et puzzles

www.ingramcontent.com/pod-product-compliance
Lightning Source LLC
Chambersburg PA
CBHW081922170426
43200CB00014B/2805